REFLEXÕES PARA UMA VIDA SAUDÁVEL

Editora Appris Ltda.
1.ª Edição - Copyright© 2023 das autoras
Direitos de Edição Reservados à Editora Appris Ltda.

Nenhuma parte desta obra poderá ser utilizada indevidamente, sem estar de acordo com a Lei nº 9.610/98. Se incorreções forem encontradas, serão de exclusiva responsabilidade de seus organizadores. Foi realizado o Depósito Legal na Fundação Biblioteca Nacional, de acordo com as Leis nᵒˢ 10.994, de 14/12/2004, e 12.192, de 14/01/2010.

Catalogação na Fonte
Elaborado por: Josefina A. S. Guedes
Bibliotecária CRB 9/870

D154r 2023	Damaceno, Aurea Fukuda
	    Reflexões para uma vida saudável / Aurea Fukuda Damaceno, Margarida Fukuda Damasceno. – 1. ed. – Curitiba : Appris, 2023.
	    47 p. ; 21 cm.
	
	    ISBN 978-65-250-4602-0
	
	    1. Saúde. 2. Corpo e mente. 3. Alma. I. Damasceno, Margarida Fukuda. II. Título.
	
	                                                                    CDD – 613

Editora e Livraria Appris Ltda.
Av. Manoel Ribas, 2265 – Mercês
Curitiba/PR – CEP: 80810-002
Tel. (41) 3156 - 4731
www.editoraappris.com.br

Printed in Brazil
Impresso no Brasil

Aurea Fukuda Damaceno
Margarida Fukuda Damasceno

REFLEXÕES PARA UMA VIDA SAUDÁVEL

FICHA TÉCNICA

EDITORIAL	Augusto Vidal de Andrade Coelho
	Sara C. de Andrade Coelho
COMITÊ EDITORIAL	Marli Caetano
	Andréa Barbosa Gouveia (UFPR)
	Jacques de Lima Ferreira (UP)
	Marilda Aparecida Behrens (PUCPR)
	Ana El Achkar (UNIVERSO/RJ)
	Conrado Moreira Mendes (PUC-MG)
	Eliete Correia dos Santos (UEPB)
	Fabiano Santos (UERJ/IESP)
	Francinete Fernandes de Sousa (UEPB)
	Francisco Carlos Duarte (PUCPR)
	Francisco de Assis (Fiam-Faam, SP, Brasil)
	Juliana Reichert Assunção Tonelli (UEL)
	Maria Aparecida Barbosa (USP)
	Maria Helena Zamora (PUC-Rio)
	Maria Margarida de Andrade (Umack)
	Roque Ismael da Costa Güllich (UFFS)
	Toni Reis (UFPR)
	Valdomiro de Oliveira (UFPR)
	Valério Brusamolin (IFPR)
SUPERVISOR DA PRODUÇÃO	Renata Cristina Lopes Miccelli
ASSESSORIA EDITORIAL	Priscila Oliveira da Luz
REVISÃO	Samuel do Prado Donato
	Stephanie Ferreira Lima
PRODUÇÃO EDITORIAL	Bruna Holmen
DIAGRAMAÇÃO	Renata Cristina Lopes Miccelli
CAPA	Eneo Lage
REVISÃO DE PROVA	Isabela Bastos

Ao nosso Pai Celestial, que nos capacita e nos enche de Alegria.

AGRADECIMENTOS

Aos nossos filhos, os quais são as nossas maiores inspirações. Em especial, ao Dr. Rafael Damaceno Alves, pois, com enorme carinho, escreveu o prefácio deste livro.

PREFÁCIO

É uma grande honra para mim ter a oportunidade de escrever o prefácio deste livro. Como médico clínico geral, fui atraído por *Reflexões para uma Vida Saudável* e fiquei impressionado com a profundidade e originalidade desta obra.

Neste livro, a minha mãe, Aurea Fukuda Damaceno, e a minha tia, Margarida Fukuda Damasceno, apresentam de forma clara e acessível as suas vastas experiências em saúde e religião e abordam questões importantes e relevantes sobre vida saudável, corpo, mente e alma. O livro é uma leitura obrigatória para todos que desejam entender melhor o assunto e aprofundar seus conhecimentos.

As autoras trazem uma abordagem inovadora ao tema. Para as pessoas que sentem um vazio dentro de si e que estão em busca de preencher, de sentir-se completo e feliz de maneira simples e saudável, irão encontrar, aqui, um novo olhar, uma nova perspectiva de vida de como conseguir e manter o corpo saudável. Isso torna a obra ainda mais valiosa e original. Além disso, a obra apresenta partes da vida detalhada das autoras, com exemplos práticos para ajudar a ilustrar as ideias apresentadas.

Este exemplar é fruto do esforço e dedicação das autoras, que certamente irá inspirar e motivar os leitores a aprender e a explorar ainda mais sobre saúde. Estou confiante de que este livro será uma referência importante para todas as pessoas que buscam sobre este tema. Não é todo dia que temos a oportunidade de ler uma obra tão original e inspiradora como esta, com uma escrita cativante e uma abordagem de fácil compreensão; as ideias, exemplos e reflexões irão surpreender e provocar os leitores.

Por fim, quero parabenizar as autoras pela criação desta obra e agradecer a oportunidade de contribuir com este prefácio. Tenho certeza de que o leitor irá apreciar este livro tanto quanto eu apreciei.

Dr. Rafael Damaceno Alves

Médico clínico geral

SUMÁRIO

CAPÍTULO 1
O QUE É UM CORPO SÃO? 13

CAPÍTULO 2
O CORPO GRITA, QUANDO HÁ DESEQUILÍBRIO NELE 17

CAPÍTULO 3
O QUE É TEMPERANÇA? 21

CAPÍTULO 4
VOCÊ SABE DEFINIR VIDA SAUDÁVEL? 24

CAPÍTULO 5
VIDA PLENA COM HÁBITOS SIMPLES 26

CAPÍTULO 6
FAZENDO SUA BEBIDA E COMIDA 29

CAPÍTULO 7
COMO ESTÁ A SUA TRÍADE? 32

CAPÍTULO 8
A SUA VIDA SOCIAL, TÁ BOA? 36

CAPÍTULO 9
VOCÊ PASSA NOS TESTES DA SUA VIDA? 40

CAPÍTULO 10
PERMITA-SE! 43

CAPÍTULO 1

O QUE É UM CORPO SÃO?

Então, para responder à pergunta do título deste capítulo, podemos dizer que um corpo com saúde é um corpo são. Quando o corpo não tem saúde, falta o equilíbrio funcional. Daí, surge mais uma pergunta — como restabelecer o equilíbrio funcional perdido? Nós, as autoras, sugerimos que você recorra aos oito remédios deixados pelo nosso criador. Que são: a <u>água</u>: um dos principais remédios que a natureza oferece; o <u>ar:</u> o segundo dos remédios naturais; a <u>alimentação</u>: um dos principais remédios naturais; o <u>exercício</u>: nosso corpo não pode ficar parado; o <u>repouso</u>; a <u>temperança</u>; a <u>luz solar</u>; e, o principal, a <u>fé</u>, que é a confiança no Criador do Universo.

A Organização Mundial da Saúde (OMS) traz que saúde é o bem físico, mental e social. Sabemos que saúde física é quando o seu organismo trabalha numa condição de equilíbrio, na normalidade, utilizando a atuação de órgãos e sistemas a nível macro e micro. Um exemplo macro é o seu olho enxergando bem. Um exemplo micro é o controle da temperatura corporal.

Neste primeiro parágrafo, o que foi explicado, nos artigos sobre saúde, os autores[1] resumem numa palavra: homeostase. Essa palavra de origem grega vem a partir dos termos *homeo*, que quer dizer similar ou igual, e *stasis*, que quer dizer estático ou estável. Isso quer dizer que possui a condição de relativa estabilidade, da qual o organismo necessita para realizar suas funções adequadamente para o equilíbrio do corpo.

O que garante o equilíbrio funcional do nosso corpo? O nosso organismo conta com recursos poderosos do sistema nervoso e o sistema endócrino. Você já ouviu falar que o nosso organismo é constituído de células, as quais se juntam e formam os tecidos e esses tecidos juntos formam os sistemas. O sistema nervoso é formado pelas células, estas informam que algo de errado está acontecendo no interior do corpo, o qual produz uma resposta a determinado estímulo. O sistema endócrino, por sua vez, secreta, isto é, libera mensageiros químicos, conhecidos por hormônios. A natureza química de um hormônio determina seu mecanismo de ação.

Você sabe que existem duas teorias sobre a criação do mundo, as quais têm consequência primordial na nossa saúde. Uma diz que tudo surgiu por meio de uma grande explosão e que a evolução natural foi surgindo... algas, plantas e animais e que a origem dos humanos veio dos macacos, que foram evoluindo até chegar aonde eu e você estamos. Charles Darwin, autor de *Origem das Espécies* (1859), é um dos grandes nomes sobre esta teoria da EVOLUÇÃO. Porém, eu acredito na TEORIA DO CRIACIONISMO, na qual as forças divinas são responsáveis pelo surgimento do planeta e de todas as espécies existentes. Nesse caso,

---

[1] GUYTON, A. C.; HALL, J. E. *Tratado de Fisiologia Médica*. 12. ed. 1956.

não houve nenhum processo evolutivo e as espécies são imutáveis. Creio nisso, pois acredito que a Bíblia é um livro inspirado por Jeová Deus e no livro de Gênesis 1: 26 — "E disse Jeová: *Façamos o homem à nossa imagem, conforme a nossa semelhança; e domine sobre os peixes do mar, e sobre as aves dos céus, e sobre o gado, e sobre toda a terra, e sobre todo o réptil que se move sobre a terra.*"

Caro(a) leitor(a), você pode estar pensando: mas por que fazem confusão assim? Seria tão fácil ter somente uma teoria. A maioria das pessoas, se você perguntar se tem fé, se acredita em Deus, muito poucas dirão que não, e a grande maioria afirmará que sim. E por que todos já ouviram e creem na evolução das espécies? Pois é, simples assim. O grande sistema educacional, as escolas, ensinam a evolução. A filosofia do certo e errado coloca como correta essa teoria de Darwin. No entanto, eu e você devemos crer no nosso Criador Supremo.

A confiança no poder Divino. Era esse o poder envolvido nas curas de Jesus Cristo, há mais de dois mil anos, e é o mesmo que hoje opera através dos recursos naturais. Pois, em Deuteronômio 7: 15, está escrito — "**O Senhor os guardará de todas as doenças. Não infligirá a vocês as doenças terríveis que, como sabem, atingiram o Egito...**". Mas se, por ventura, seu organismo está em desequilíbrio, você também poderá recorrer às ervas do campo, são elas também deixadas pra nós.

No livro de Gênesis 1: 29, Encontramos: "**E disse Deus: Eis que vos tenho dado toda erva que dá semente e que está sobre a face de toda a terra e toda árvore em que há fruto de árvore que dá semente; ser-vos-ão para mantimento.**" Na Bíblia, existem muitas outras plantas citadas, como: videira, oliveira, amendoeira, aloé, trigo, alfarroba, algaroba, acácia, carvalho, cedro, cedro do Líbano, cipreste, figueira, macieira, palmeira, pinheiro, salgueiro, sândalo, terebentina, zimbro e outras. Em Lucas 11: 42 "**— Mas ai**

de vós, fariseus! Por que vós dizimais a hortelã, a arruda e toda sorte de ervas, e passas por cima do juízo e do amor de Deus. E em Provérbios 11: 28 — **Folhas verdes são o símbolo de prosperidade e renovação da vida."**

Como visto, as plantas são utilizadas desde a criação do homem, e nossos avós e bisavós usavam para curar suas enfermidades, elas são remédios há muito tempo. Os nossos antepassados usavam e a história nos mostra que desde a antiguidade já se conhecia seus efeitos. Elas são importantes por terem um papel fundamental na cura e tratamento das doenças.

CAPÍTULO 2

O CORPO GRITA, QUANDO HÁ DESEQUILÍBRIO NELE

Reproduzir e consumir os modelos de vida da sociedade em geral, sem questionar o que esses modelos têm produzido em nosso corpo, colocando a nossa saúde a serviço de uma felicidade pautada numa recompensa, gera consequências. Como podemos compreender de que modo a experiência do sofrimento e da fraqueza fazem parte de nós?

Aqui, sugerimos pensar para além das reclamações e negacionistas de sofrimento, pois estes acabam por minimizar a potência de nossa existência. O corpo, nessa medida, encontra-se vedado e anestesiado à experiência sensível, enquanto seguimos manuais que acreditamos conter o segredo da felicidade, sem espaço para o sofrimento. Pretende-se encontrar possibilidades de desvios desses modos de pensar no corpo e na vida, com vista a tornar o cotidiano mais leve, percebendo o sofrimento e, até mesmo, a morte, sob uma outra ótica, distante de qualquer julgamento moral.

Vejo, às vezes, pessoas com dificuldades em falar do que sente... com suas dores sendo camufladas. Venho propor um outro jeito, com o intuito de repensar alguns dos discursos que emergem na sociedade atual, cujo sintoma mais flagrante é a noção de crise. Quem nunca se questionou? Quem nunca se sentiu abandonado, ou por seu par, ou por uma amiga? Nos dias atuais, o remédio já não serve para pôr fim à crise, mas, ao inverso, a crise é desencadeada para produzir o remédio. Como aconteceu, com o advento da Covid-19. O capitalismo cria um conflito em cada um de nós, e a crise se torna uma técnica política de governo. Desse modo, mantém uma insegurança existencial crônica que instaura o medo que limita o corpo às experiências sensíveis e, por sua vez, imprevisíveis.

A doença que se instaura no corpo transpassa vísceras, rasga a carne e aquece o sangue, produzindo vibrações num corpo em estado de esgotamento, mas que, por sua vez, não quer se esgotar. Num corpo que percebe sua morte em vida, que está aprisionado e fechado em formas e padrões que ditam verdades e elencam modos de existência superiores e excludentes. Uma tormenta catastrófica que, acima de tudo, é metafísica, afetiva e existencial, que faz com que a mulher e o homem, pelo seu estrondoso temor em relação ao mundo, queiram se fazer dono e possuidor da natureza.

Seres humanos. Será que é humano? Esse ser que tudo engendra; tudo cria e tudo domina; tudo recria de modo contínuo, sem conseguir suportar uma realidade que, por todos os lados, ultrapassa-o. Como potencializar a vida desse corpo esgotado? Um corpo que cansa, mas que não pode demonstrar cansaço; que sofre, mas não pode mostrar sofrimento. Um corpo que se vê enclausurado em uma ditadura que produz agentes de felicidade, que em cada esquina encontra um cartaz, uma placa onde está escrito: tudo é lindo! A felicidade mora ao lado.

O corpo é coagido por mecanismos mentais, os quais se transformam em ações e, de certa maneira, roubam de toda sua potência. A crise do corpo se instala, ao passo que ele já não aguenta mais, pois onde é pra entrar água fria, que vai deslizando garganta abaixo, entra refrigerante super gelado. Onde deve entrar verduras e folhas verdes escuras, entra hambúrguer e miojo cheios de conservantes e gorduras saturadas. Daí o corpo grita! Mas continuamos acreditando que somos livres, porém estamos cada vez mais dependentes das tecnologias e dos saberes dos padres, dos pastores ou dos *experts*. Colocamos nossa vida nas mãos de quem não conhecemos e raramente temos a noção dos jogos de poder que nos envolvem. Por que deixamos de colocar nossa vida na mão de quem nos criou?

Vamos dar ouvido no que lemos em Mateus 6: 25 — "Por isso vos digo: **Não andeis cuidadosos quanto à vossa vida, pelo que haveis de comer ou pelo que haveis de beber; nem quanto ao vosso corpo, pelo que haveis de vestir. Não é a vida mais do que o mantimento, e o corpo, mais do que o vestuário?"** Preste atenção, use sem contraindicação o oitavo remédio de nosso Criador. Não fique ausente. A ausência da presença de Deus é a ausência de si. Não é o apetite de nada, mas a ausência do apetite. O desejo de nada ainda é o desejo. A dor ainda é dor de algo que vive e por isso sente.

Um corpo instável, fora do normal, fora da norma. Frágil, tal corpo que ainda não tem forma acabada da doença, lidando com a instabilidade de não saber o que está por vir, mas ainda assim vive. Trata-se de vida e não de morte, existe ainda a abertura para se experimentar em seus encontros com estabilidade. Talvez, a forma do corpo ou o seu estado seja justamente sua falta de comer o que deve e beber o que lhe apraz o senhor Jeová, e é a falta disso que lhe dá essa fragilidade e imprevisibilidade, na qual a potência de vida toma força.

Saiba que devemos alimentar nossa vida com exercícios, água, descanso, verduras. Na maioria das vezes, estamos fazendo pelo contrário, despotencializando nosso ser. Que também ocorre quando somos coagidos por causas exteriores e por ir na onda, deixamos de buscar aquilo que nos é útil e de nos esforçar para conservar nosso ser, o destruímos. O pior não é estar, e, sim, permanecer. Se estamos, podemos mudar os hábitos e, enquanto corpo, usá-lo diferente. Não sabia, mas quando já sei, ficar e precipitar tais estratos cairá em uma queda suicida. Não se trata de refutar a instância estrato, mas de experimentar aí as oportunidades que esta escrita lhe oferece, ter sempre em mente que o Criador deste mundo te fez a imagem d'Ele. A semelhança d'Ele o criou. Isso basta!

CAPÍTULO 3

O QUE É TEMPERANÇA?

Temperança é uma palavra que significa virtudes centrais, fundamentais, orientadoras da vida. É o autocontrole, a renúncia e a moderação. Em Atos 24 — Apóstolo Paulo escreve: **"Mas o fruto do Espírito é: amor, gozo, paz, longanimidade, benignidade, bondade, fé, mansidão, temperança."** A palavra temperança significa uma das maiores buscas das pessoas que querem viver melhor, que é pelo autocontrole. Para nós, que cremos sermos filhas e filhos de Jeová Deus, ter temperança foi a recomendação do apóstolo Paulo, inspirado pelo Espírito Santo de Deus Criador deste mundo.

O autocontrole, o domínio da mente, contar até dez, respirar fundo, mentalizar coisas boas. Todas essas atitudes estão relacionadas à decisão de ser temperante. E aí, o que você me diz? Você tem agido com temperança? Fui buscar no dicionário Aurélio, para ver o que dizia. Veja que interessante. Lá no dicionário, temperança significa: 1. Qualidade ou virtude de quem é moderado, comedido. 2. Sobriedade no consumo de alimentos e/ou bebidas. 3. Hábito de poupar, de economizar; parcimônia[2].

Os excessos, como a sociedade ama isso. Você já viu ou ouviu a frase *"carpe diem"*? Ela tem origem no latim e significa <u>aproveite o dia</u>, é interpretada como a experiência de algo em excesso, sem limites, sem racionalidade, isto é, instiga as pessoas a viverem como se não houvesse o amanhã. Você acha isso correto? Penso que você dirá: não! Então tornarei a perguntar... você é temperante? Ser

---

[2] SIMPSON, J. (2017).

temperante, porém, não quer dizer que não se deve aproveitar os momentos e a vida, mas saber que é preciso ter moderação nas escolhas, no olhar e não se deixar levar por algo apenas pelo momento.

No dia a dia, temos alguns exemplos, nos quais a falta de temperança costuma ser sentida, como torcidas esportivas, em discussões políticas, no trânsito. Você pode estar pensando "eu nem torço pra time algum", ou então "nem de política eu gosto", ou ainda... "eu nem dirijo!" E eu torno a questionar... e como está o consumo de bebidas alcoólicas? E os doces? E a comida em geral? Vou mais além, como é o teu comportamento com os seus? Você faz uso da temperança nas indisposições com seus familiares? E no trabalho, como anda as relações com os colegas de trabalho? São verdadeiras ou artificiais?

As relações de trabalho estão ligadas às nossas relações sociais e à nossa realidade material. O trabalho é a atividade por meio da qual o ser humano produz sua própria existência. Passamos muitas horas de nossa existência no nosso local de trabalho. Ao chegarmos em casa, estamos tão cansados que não temos energias pra mais nada, a não ser um banho e descansar. E o que você me diz, caro leitor (a), você acredita, com toda a sinceridade de seu ser, que o criador Deus te fez pra isso? Para trabalhar um dia depois do outro e chegar no seu lar exaurido?

Caro leitor, é claro que não... Nosso Criador nos fez, colocou-nos num paraíso, para usufruirmos de Tua presença. O ser humano foi se afastando do Criador e se perdendo em meio à sociedade. Quando mais se afasta, mais gula, mais falta de temperança, mas o que é bom é saber que o Senhor Deus está sempre à nossa procura. Vou lhe contar — eu e minha irmã, somos netas e bisnetas de imigrantes. Meus avós maternos são japoneses. Meus bisavós paternos são portugueses. Em nosso DNA existem as memórias do medo do desconhecido, o medo do diferente. Por isso, escrevemos para deixar o legado da mudança. Pois Deus Jeová é misericordioso e nos ajuda a encontrarmos essa virtude. Pra mim, após sofrer com problemas estomacais, Ele me mostrou que o que leva a esses desequilíbrios são um conjunto de atitudes, como descanso e alimentação. Você já usou em sua alimentação a kombucha? É uma bebida de origem asiática obtida por meio da fermentação alcoólica e acética da infusão de chás. O processo se baseia nos microrganismos que se alimentam do açúcar, que é a fermentação.

Para ser uma pessoa com o corpo são, necessariamente deverá fazer uso dos oito remédios naturais. Dentre esses oito, a alimentação é crucial; para ter essa alimentação competente para um corpo saudável, existem várias sugestões como o habito em preparar seu alimento, exemplo disso temos como sugestão a Kombucha, o Chucrute, quefir etc. Mais adiante, vou deixar o passo a passo de como preparar um chucrute e um de Kombucha.

CAPÍTULO 4

VOCÊ SABE DEFINIR VIDA SAUDÁVEL?

Vida saudável significa realizar escolhas que resultem em uma mente e um corpo saudável. Para um estilo de vida, é um conceito que engloba o ser humano como um todo, combinando aspectos físicos, mentais, espirituais e sociais. Iniciar um projeto de vida saudável é uma tarefa difícil, mas não é impossível. Isso inclui a saúde preventiva, boa nutrição, controle do peso, vida sexual protegida, diversão, exercícios regulares e evitar substâncias nocivas ao organismo. Por que incluímos vida sexual e também substâncias nocivas? Colocamos devido a que hoje em dia existem muitas doenças incuráveis, transmitidas por sexo não seguro. E sabemos também que certos tipos de câncer são iniciados por causa de certas substâncias.

Além disso, vida saudável pode ser o sinal de que não somos doentes. Fazer uso de alimentos integrais maximiza a nossa saúde. Vegetais, frutas, legumes, grãos integrais, carnes magras fornecem nutrientes essenciais. E hoje, em pleno século 21, pode-se dizer que teve um avanço do desenvolvimento de doenças crônicas não transmissíveis (DCNTs). Estão são um conjunto de doenças que engloba diabetes tipo 2, câncer, doenças coronarianas, doença pulmonar obstrutiva crônica. As suas possíveis causas são as mudanças no jeito de viver e comer. Os estudos mostram que os perfis demográfico e epidemiológico das pessoas, ao longo dos últimos anos, explicam os avanços crescentes destas doenças citadas, uma vez que a forma como as pessoas vivem mudou.

Os hábitos que as pessoas têm no seu dia a dia, na maioria das vezes, não são hábitos saudáveis, isto é, ações e atitudes para uma vida mais qualificada e de prevenção para o desenvolvimento precoce de doenças. O estilo de vida é modificável na maioria dos casos, basta querer e ter disposição e perseverança pra isso. Por exemplo, sobre a atividade física, a OMS recomenda, pelo menos, 150 minutos de atividade física por semana, isso é equivalente a 30 minutos por 5 dias. Pergunto-lhe, quem não pode exercitar meia hora todo dia? Até sugiro, se você assistir ao jornal de pé, mexendo-se, já está valendo para ser menos um na fila do pronto-socorro.

Outra sugestão é você utilizar um menor consumo de produtos ultraprocessados. Dessa maneira, cozinhar e comer comida de verdade, além de ser mais saboroso, pode te proteger de várias doenças! Lembre-se que desembalar menos e descascar mais pode ser a grande dica deste livro pra você, caro leitor.

Fórum Económico Mundial (FEM), em inglês World Economic Forum (WEF), é uma organização sem fins lucrativos em Genebra e é mais conhecida por suas reuniões anuais em Davos, Suíça. Foi criada, em 1971, pelo economista e professor suíço-alemão Klaus Schwab com o objetivo de promover a cooperação global para fins políticos, sociais e económicos. Por que escrevo isso? Para você, leitor, entender que o mundo todo se reúne para discutir vários assuntos de interesse global. Com a Covid-19 ficou claro que, independentemente da raça, estamos todos num mesmo barco. E os costumes e hábitos alimentares são uma grande preocupação de certos líderes, pois as populações como um todo estão adoecendo.

CAPÍTULO 5

VIDA PLENA COM HÁBITOS SIMPLES

No início deste capítulo, trago para você o que está escrito em Gênesis 50: 22 a 24 – Viveu José cento e dez anos, e profetizou sobre a libertação de seus descendentes. Oh, como é bom conviver com os nossos entes queridos, gozando de perfeita consciência e saúde. Ver e conviver com os filhos da terceira geração em pleno gozo físico e mental. São bênçãos que todos nós desejamos pra nossa vida e daqueles que amamos.

A vida plena não começa com uma dieta ou com alimentos saudáveis. Antes de tudo, deve começar com a tua decisão e perseverança, pois, primeiro, se você não decidir nada se começa! E se começar e ir de modo hoje faz, mas amanhã deixa pra depois, não vai ter êxito, nem sucesso com o resultado de sua decisão.

Eu particularmente gosto de observar a palavra inspirada pelo Espírito Santo de Deus. Nela, como já escrito em capítulos anteriores, sobre as plantas, também nos mostra que normalmente precisamos nos esforçar por 40 dias para conseguirmos um propósito. Pois, no meu jeito humano de olhar para as escrituras, trago esses exemplos onde vejo que há uma frequente relação entre o número 40 e períodos de preparação, expectativa e mudança. Observe e reflita você mesmo: Deus fez chover 40 dias e 40 noites nos tempos de Noé (Gênesis 7:4); Moisés passou 40 dias de jejum no Monte Sinai, a sós com Deus (Êxodo 24:18); Deus destruiu a terra com água, Ele fez chover 40 dias e 40 noites (Gênesis 7:12). Depois que Moisés matou o egípcio, ele fugiu para Midiã, onde passou 40 anos no deserto cuidando dos rebanhos (Atos 7:30). Moisés intercedeu em nome de Israel por 40 dias e 40 noites (Deuteronômio 9:18, 25). A Lei especificava um número máximo de chicotadas que um homem poderia receber por um crime, esse limite era 40 (Deuteronômio 25:3). Os espiões israelitas levaram 40 dias para espionar Canaã (Números 13:25). Os israelitas vagaram por 40 anos (Deuteronômio 8:2-5). Antes da libertação de Sansão, Israel serviu os filisteus por 40 anos (Juízes 13:1). Golias provocou o exército de Saul por 40 dias antes de Davi chegar para matá-lo (1 Samuel 17:16). Quando Elias fugiu de Jezabel, ele viajou 40 dias e 40 noites para o Monte Horebe (1 Reis 19:8).

A Bíblia definitivamente parece usar 40 para enfatizar uma verdade espiritual, porém, para que você entenda, eu não estou afirmando que o número 40 foi deixado por Jeová Deus como santo ou algo assim. Estou dizendo que os 40 dias ou 40 anos aparecem no Antigo e Novo Testamento e que, por isso, sugiro pra você se esforçar, no mínimo, 40 dias, para criar um hábito saudável de vida. Os exemplos anteriores são do Antigo Testamento, no Novo Testamento, Jesus foi tentado por 40 dias e 40 noites (Mateus 4:2). Houve 40 dias entre a ressurreição e a ascensão de Jesus (Atos 1:3).

Portanto para você ter uma vida plena, que é aquela que permite que você floresça como ser humano e, com isso, alcançar o estado de felicidade, pertencimento e realização, você deve entender que cerca de 40 a 50% dos comportamentos do ser humano são hábitos. Na maioria das vezes, são hábitos criados por imitar as propagandas de televisão ou por copiar uma pessoa próxima de você.

Para você florescer, envolve atingir um estágio de bom funcionamento, viver uma vida boa e significativa. De que modo? Fazendo o simples. Construindo uma nova concepção do que vem a ser a natureza da felicidade e do bem-estar. Para isso, é preciso deixar alguns velhos padrões de pensamentos, hábitos e até pessoas tóxicas para trás. Um desapego. Esse recomeçar nem sempre é fácil, mas é possível!

A vida plena com hábitos simples deve começar com metas simples e claras. Primeiro, viva o presente. Nada de viver sonhando ou imaginando o inimaginável. Aprenda a valorizar tudo de bom que a vida oferece a você. Viva em harmonia com a natureza. Construa a tua história, adotando esse estilo de vida saudável. Se você é daquelas pessoas que têm vários planos e nunca consegue atingi-los, um possível motivo para isso é que você não tira seus sonhos do papel e parte para a ação. E digo, primeiramente, você tem que ter certeza do que isso significa para você, já que uma vida plena não significa a mesma coisa para todos. Muita gente não está disposta a isso por acreditar ser impossível. Seja sincera(o) com você mesma(o)? Você realmente quer ter uma vida plena? Quer começar uma vida saudável? Então, comece por fazer = ação.

CAPÍTULO 6

FAZENDO SUA BEBIDA E COMIDA

Antes de tomar qualquer decisão, é importante que você pense bastante sobre essas decisões que você quer ter. Seja o mais racional possível, pondere os contras e os prós, pesquise sobre o assunto (se necessário) e, só depois que se sentir realmente segura(o), tome a decisão. Ser ansiosa(o) não é bom para nenhuma pessoa que quer atingir o sucesso. Comer bem é um dos pontos principais na busca por saúde. E manter a saúde em dia ajuda na hora de viver plenamente. Escolha alimentos mais saudáveis. Prefira comidas orgânicas, sucos naturais e evite os *fast-foods*.

Muitas vezes, só precisamos sair um pouco e caminhar por outros caminhos. Por mais confortável que você esteja fazendo aquilo que está dentro das suas habilidades, por que não se aventurar com novas tarefas e atividades? Saia da sua zona de conforto e aceite novos desafios. Desafio de fazer um chucrute e saboreá-lo. Além de testar novos sabores, pode cuidar bem do seu estômago. Que tal? Vou lhe ensinar aqui o jeito de fazer: com uma cabeça de repolho pequena. Saiba que o repolho é uma fonte natural de vitamina C; abra um buraco, retirando o talo e, nesse buraco, coloque uma colher de sal de cozinha. Coloque-o num recipiente hermeticamente limpo e deixe por uma semana em temperatura ambiente, escuro, para que ele produza a fermentação. Após passar uma semana, pode ser consumido e, se guardado na geladeira, estará consumível por seis meses.

Esse processo de fermentação potencializa as vitaminas e produz as vitaminas do complexo B e enzimas, por meio das ações das bactérias, das quais a espécie mais comum é *Leuconostoc mesenteroides*. Esse é um tipo de probiótico natural. As bactérias ácido-láticas (BAL) são bastante utilizadas em processos fermentativos na indústria de laticínios, porém algumas delas agem não somente como fermentadoras, com a produção de ácidos orgânicos, a partir dos carboidratos presentes, mas também podem produzir substâncias que colaboram para a segurança microbiológica do produto fermentado ou compostos benéficos à saúde. As pessoas que tomou antibiótico ou que consomem muito comidas industrializadas, *fast-foods* ou consomem muito açúcares, normalmente possuem poucas bactérias do bem. Causando candidíase recorrente, intestino preguiçoso ou preso, síndrome do colo irritável, entre outros, como dores de cabeça e mal estar em geral. O chucrute é um alimento que repõe essas bactérias tão importantes para o organismo humano, por ser um alimento naturalmente fermentado por bactérias do próprio repolho. Essas bactérias ajudam a manter intestinos saudáveis, além de outros órgãos, como a mucosa e pele, pois recoloniza o nosso organismo com bactérias que mantêm o sistema imunológico saudável.

Para o café da manhã, após falar com o Criador e se espichar para alongar-se de forma espontânea e relaxante, é muito prazeroso comer algo que você prepara sem açúcar, sem glúten, sem ovo e sem lactose. Utilize duas xícaras de farinha de aveia, três bananas nanica bem madurinhas, trinta gramas de uvas passa, duas colheres de azeite de oliva extravirgem, duas colheres de água, uma pitada de sal (que é opcional) e uma colher de fermento. Coloque tudo no liquidificar e bata, lembrando que o fermento é por último e batendo pouco, somente para misturar. Após o processo, leve para o forno quente numa forma untada, por trinta minutinhos. Você vai saborear um bolo saboroso, nutritivo e saudável.

Para o almoço, muitas folhas verde-escuras, arroz e uma farofa de feijão com farinha de aipim e folhas de ora-pro-nóbis (proteína vegana). Para a ceia da noite, você poderá comer o pão de mandioca. Esse pão é rico em fibras, sem glúten, sem lactose, fácil e rápido. Com uma xícara de chá cheia de mandioca cozida, uma xícara rasa (isto é, faltando um dedo, mais ou menos, para encher) de farinha de aveia, uma colher de chá de azeite de oliva e uma pitada de sal. Amassar para misturar bem, com uma colher de sopa fazer num formato de sua preferencia. Leve para assar em uma forma sem ser untada. Aguarde assar por 35 minutos.

Para sua bebida, é simples, é só preparar uma kombucha. Para quem gosta do saborzinho específico dos fermentados, vão amar. Eu me apaixonei no primeiro gole! A primeira vez que provei kombucha foi muito bom. Amo bebidas com bolhinhas! Evito tomar refrigerante, mas direto tomo água com limão. Sou fã de um sabor azedinho. E daí a primeira kombucha que provei era bem assim, azedinha, mas com um leve docinho. Assim que você começar a fazer, vai perceber que não precisa encarar o fazer da própria bebida como um projetinho tão complexo assim, vai ver que é tranquilo, prazeroso. E melhor ainda, vai poder ajudar outras pessoas, doando scoby. Pra quem não sabe, scoby é a muda para se produzir a bebida Kombucha.

CAPÍTULO 7

COMO ESTÁ A SUA TRÍADE?

Sim, como o Pai, o Filho e o Espírito Santo, são três em um, nós, seres humanos também somos o corpo, a alma e o espírito. Gosto do modo que o Pablo Marçal explica essa tríade. De acordo com a explicação dele, devemos pensar que o corpo é um carro, a nossa alma é a nossa mente (ego) e que o espírito é uma estrada para o carro e, para nós, é a conexão com o nosso Criador. O carro precisa do motorista para se movimentar igualzinho o corpo precisa da mente para agir. O carro precisa das estradas, sem elas não tem como fazer a sua função, da mesma maneira que o corpo e a mente juntos precisam fazer conexão com seu Criador. O seu Espírito ligado com Deus para uma vida plena e saudável e para cumprir sua missão na Terra.

Lá no primeiro capítulo, o conceito de saúde está definido como o bem-estar físico, mental e social. Sobre o físico já falamos, agora me responde a estas perguntas: como está o seu mental? O que você vive pensando? Falar em viver, você vive no presente? Ou no passado? Ou imaginando e desejando o futuro? Pois, então, ter saúde mental é você estar bem consigo mesmo e com os outros. É aceitar as exigências da vida. É saber lidar com as boas emoções e com aquelas desagradáveis, mas que fazem parte da vida.

Ultimamente, as doenças mentais tiveram um grande aumento. Segundo a OMS, o Brasil é considerado o país mais ansioso do mundo e o quinto mais depressivo. Mesmo assim, muitos dessas pessoas não possuem assistência médica adequada em relação à saúde mental. As pesquisas mostram que a saúde mental quase triplicou nestes últimos anos, devido ao enclausuramento das pessoas em casa por causa da pandemia de Covid-19. E você, como está? Observa o que você anda pensando? Será que a sua cabeça está parecida com essa cabeça da figura a seguir? Com mil e um pensamentos?

O que você tem aí na cabeça? Pare para observar o que está ocupando tempo aí nessa mente. Saiba que a vida é feita de escolhas. Veja que, mesmo não agindo, o fato de ficar sem agir é uma escolha e vai lhe dar um resultado. Quando você dá um passo para frente, vai deixar alguma coisa para trás. E se você voltar seu olhar para o seu ambiente, vá olhe! Observar cada coisa aí perto de você. Tudo tem uma razão para existir. E você, qual é a razão da tua existência? Saiba que as montanhas da vida não existem apenas para que você chegue ao topo, mas para que você aprenda o valor da caminhada ou escalada.

Conversando com uma colega sobre a vida, ela estava com muitos problemas de saúde e estava depressiva sem querer sair da cama. Disse que a vida tinha derrubado ela, mas, caro leitor(a), a vida pode até te derrubar, mas é você quem decide em ficar deitado ou se levantar. Escolha a hora de ficar de pé e iniciar a dar os passos, e, pra isso, basta se agarrar na mão do seu Criador e forçar a subida de teu corpo e agir. Todo mundo tem aqueles momentos em que precisa parar e ficar pensando na vida, porém não pode ficar assim muito tempo, pois o corpo se acostuma com coisas boas e com coisas ruins. Não se permita a acostumar-se ao que lhe faz mal.

Você tem o livre arbítrio, a sua vida se encolhe ou se expande em proporção à sua coragem de assumir responsabilidades e ter atitudes. Vamos fazer juntas uma comparação: veja bem, na escola você recebe a lição e explicação do professor para depois fazer a prova. Na vida, vem primeiro a prova pra você fazer e só depois você aprende a lição. Lendo estas linhas, se você sentiu que precisa mudar algo na sua vida, ter a consciência disso já é um primeiro passo e talvez isso seja já o suficiente para hoje. Quem sabe amanhã, depois de amanhã ou o início da próxima semana seja a hora do segundo passo necessário para concretizar essa mudança? Pois a vida é de dentro para fora. Quando você muda por dentro, a vida muda por fora.

Não fique pensando no que aconteceu antes, ou ao que não aconteceu, ou no que você gostaria que acontecesse. Se você pensar muito no dia de ontem, com certeza, vai perder a maior parte do dia de hoje. Se você observar que seus pensamentos estão negativos, ignore esses pensamentos. Desfrute da simplicidade e incerteza da vida. Muitas vezes, depois de tudo ter dado errado, a vida prova que tinha planos melhores para a gente na frente. Em Salmos 42: 5 — **"Por que estás abatida, ó minha alma? Por que perturbas dentro de mim? Espera em Teu Criador, pois ainda o louvarei, a Ele meu auxílio e Deus meu."** Devemos ter controle em nossos pensamentos, se perguntar o porquê de estar abatida, ou só pensar que não dará certo, ou que não é assim, ou argumentar consigo mesmo. Não é uma cobrança, e, sim, ter um ato de fé. Lembrar-se de quem é Deus criador, quem é Ele, e o que Ele tem feito e quais são as promessas que Ele tem pra mim e pra você e para todo aquele que n'Ele confia.

Devemos aprender a lidar com os problemas, tornando-nos mais forte a cada dia. A vida é criar a si mesmo. Como boa farmacêutica que sou, digo-lhe que o maior órgão do nosso corpo é a nossa pele. Você sabe que a nossa pele se renova? O cabelo e a unha crescem. Pois, então, toda pele velha tem que cair para que uma nova possa nascer. Ela é formada por diversas camadas e sua renovação acontece em um processo que dura em média 28 dias. Interessante é que sempre começa renovar de dentro pra fora. A camada mais profunda da pele começa a nascer e se transportar para a camada mais superficial. Assim será com sua vida, a transformação deve acontecer do lado de dentro, com seu Espírito numa conexão firme com o Criador Deus, com a sua mente, para, só depois, ser demonstrado no corpo. Para a pele se renovar, vai precisar que você dê nutrientes bons. Para o corpo se renovar com ânimo, alegria e vontade de viver, é necessário que você leia e ouça a palavra que saí da boca de Deus (São João capítulo 11).

CAPÍTULO 8

A SUA VIDA SOCIAL, TÁ BOA?

Quero lhe contar uma história verídica, está escrito na trajetória de vida de Charles Haddon Spurgeon. Hoje, o Charles é conhecido como o príncipe dos pregadores, devido ao que foi muito influente no meio protestante. Ele achava que nenhum sistema teológico continha o todo da fé cristã. Ele dizia que o todo da verdade não está nesse sistema ou naquele, nem com esse homem, nem com aquele outro, e eu também penso assim. Acredito quando Charles dizia que uma fé pequena leva as almas até o céu, mas uma grande fé traz o céu até as almas, onde essas almas estão, isso é certo!

Antes de ser esse pregador, ele sofreu de depressão. Para se curar, foi buscar alívio da sua angustia e melancolia na palavra de seu Criador. Charles procurou entender os propósitos de Deus nas angústias que sentia, queria realmente saber o porquê se sentia daquele jeito e queria compreender para que ele pudesse lograr com essa experiência ruim. Ele encontrou bem claro nas Escrituras que por meio do sofrimento dos que creem, Deus os refina como o ouro em uma fornalha (1Pedro 1:6-7).

Num dos sermões de Charles, ele lê na Bíblia e enfatiza algumas passagens. Ele diz que lá foram registrados não só as coisas que devem deslumbrar os homens, mas aquelas que deverão instruir e ensinar-lhes em Seu Espírito. Diz, ainda, que Jesus Cristo valoriza a questão não pelo seu exterior, mas pelo motivo que a levou a fazer, isto é, pelo amor que brilha a partir disso, como foi o caso da história da viúva e suas duas moedinhas (Lucas 21:1). A história de uma mulher que lavou os pés de Cristo Jesus com óleo precioso que estava no vaso de alabastro (Lucas 7:37). E é assim, o nosso Cristo Jesus valoriza as coisas, não pelo seu resplendor e brilho, mas por seu valor intrínseco. Mateus 26:13 — "Em verdade vos digo que, onde quer que este evangelho for pregado em todo o mundo, também será referido o que ela fez, para memória sua. E você o que andas a fazer? Quais são os seus impulsos que fazes, demonstrando o seu amor pelas coisas do alto. Ou você anda displicente?" Observa essa outra história verídica que esse mesmo pregador presenciou.

Num dia qualquer, ele foi chamada para visitar uma senhora que estava muito doente. Chegando lá, após fazer orações e falar do amor misericordioso de Deus, a mulher resmungou e perguntou-lhe por que Deus, sendo tão bom, deixou-a passar por tantas necessidades na vida. Diante dessa murmuração, o pregador observou, dependurado na parede, um quadro de testamento deixado a ela, no qual um senhor muito rico passava as posses de toda sua riqueza a ela. Ele sem entender nada perguntou, mas essa vida simples de pobreza não é uma opção sua? Ela respondeu que não, que a vida toda trabalhou para um senhor rico que havia falecido há algum tempo e que, antes de morrer, dizia que não a deixaria desamparada, porém só deixou aquele papel, que ela, em memória dele, colocou no quadro ali na parede. Veja bem, ela culpava Deus pela sua miséria. Ela, por ignorância, viveu na miséria por não acreditar na palavra. Era rica e não usufruiu. Cuidado! Observa que essa história pode ser a tua.

Na Bíblia existe o Velho e o Novo Testamento. Testamento de um pai Criador de tudo. Deixou as promessas para seus filhos e filhas. E grande parte desses herdeiros continua vivendo na miséria. Continuam pedindo. Muitos deles murmuram de Deus Criador. Pergunto-te — será que, para resolver o que te falta, não seria só fazer uso das promessas que estão nos testamentos bíblicos? Será que não seria o caso de regar sua mente com alegria, com amor de Deus e ter atitudes para usufruir das promessas deixadas pra nós? Você e eu habitamos nesse corpo material, limitado e finito. Mas nós somos ilimitados e infinitos. Somos Filho do Altíssimo. Basta redescobrir por dentro deste manto corpóreo e sentir o conforto e a leveza de ser quem você verdadeiramente é.

Ser grato ao Pai, pois a misericórdia d'Ele nos alcança. Na maioria das vezes, não conseguimos enxergar o porquê não conseguimos ver a arte de viver, que é simplesmente a arte de conviver.

Viver com as outras pessoas e em comunidade não é fácil, pois, neste mundo de intensas mudanças, num período tão confuso, complexo e desarticulador que nos deixa tonta e transtornada, há tantas verdades, tantas igrejas. Em quem acreditar? Eu simplesmente lhe digo, observar atitudes corretas, caso não encontrar essas ações, não deverá confiar nem em um, nem em outro. Leia o seu testamento. Não o coloque na parede ou na prateleira. Neste mundo de diferentes, não busque ser igual ao que manca, nem ao que arrasta os pés.

Somos seres únicos, com nossas emoções, histórias e experiências que influenciam a nossa maneira de ser e de viver. Por isso, precisamos aprender a conviver com os diferentes comportamentos, tipos de humor, formas de comunicação, ritmos de trabalho e muitas outras características que cada um possui. Construir e manter bons relacionamentos não são apenas importantes para a convivência entre nós, mas, em muitos casos, é o aperfeiçoamento da pessoa que você deverá construir. A missão de todos nós nesta caminhada aqui neste mundo é aperfeiçoar-se a cada dia. Hoje em dia, é moda dizer: seja a sua melhor versão! Aproveito e faço esses questionamentos: como você enxerga a tua versão? Está linda? Você está vivendo a sua melhor versão na convivência com os seus próximos?

CAPÍTULO 9

VOCÊ PASSA NOS TESTES DA SUA VIDA?

Ao ler a Bíblia, encontramos muitas pessoas que foram testadas, por exemplo, Abraão, que passou pelo teste quando Deus lhe pediu teu filho Isaque, em Gênesis 22:1 e 2. Deus provou Jacó, quando teve que trabalhar por 14 anos ao todo, para se casar com sua amada Raquel, em Gênesis 29:18-30. Observamos também reprovações. Veja que Adão e Eva foram reprovados no teste do jardim do Éden, em Gênesis 3: 3. E Davi, que é o homem do coração de Deus, que também foi reprovado, podemos ler em 1 Crônicas 21.

Ufa! Que alívio saber que na vida passamos por testes e que podemos errar. Melhor que não erre! Mas, se errar, arrependa-se, vide Salmo 38. A vida é uma incumbência de confiança e uma tarefa temporária. Veja que Jesus Cristo frequentemente se referia assim, um exemplo típico, podemos ler na parábola dos talentos em Mateus 25:14-30, na qual alguns receberam talentos. Nós seres humanos recebemos de Deus dons distintos e em intensidades diferentes, mas não nos será exigido mais do que nossas condições nos permitem produzir ou suportar. O único comportamento que Deus não aceitará de nós é o descaso com a misericórdia d'Ele. Por isso, nós, eu e você, estamos proibidos de ficarmos inertes, parados, quando há a possibilidade em fazermos alguma coisa para o bem próprio ou para outra pessoa.

Portanto escrevo com o objetivo em te alertar, caro leitor(a), que a vida é curta e, por isso, explorá-la e tirar proveito de tudo o que ela tem a oferecer, sempre na presença do Criador Deus, é uma tarefa obrigatória. Se estiveres passando por um teste, seja firme na fé. Deus ama a humanidade e quer se relacionar com ela. Eu e você precisamos buscar viver as experiências profundas com o Espírito Santo. Observa que cada um de nós vive de acordo com o que crê. Por isso, existem muitas igrejas e denominações. Leia os ensinamentos de Deus, ore a Ele e peça discernimento. Com certeza o Espírito do Senhor irá te conduzir ao caminho correto. Ore: "Espírito Santo de Deus me ajude a viver a tua vontade! Ensina-me a me alimentar correto para ter uma saúde perfeita. Para que eu possa viver os meus anos aqui nessa terra, sendo um bom cuidador das Tuas coisas" — 1 Coríntios 4:1,2.

Não usar de glutonaria, pois é um dos pecados escrito na Bíblia. "Provérbios 23: 21 — Pois os bêbados e os glutões se empobrecerão, e a sonolência os vestirá de trapos". Atente-se! Observe. Busque sondar seus modos e hábitos. Se estiver pobre, vigie sobre a origem dessa pobreza. Se o corpo está doente, vigie sobre a tua alimentação. Devido a que a alimentação saudável traz benefícios para a saúde, faz ter bons rendimentos no trabalho, faz aumentar a memória e a concentração. Traz o fortalecimento do sistema imunológico. O correto não é simplesmente comer pouco. Pois passar fome pode causar déficit de nutrientes. E sim comer alimentos crus: verduras, frutas, castanhas.

Muitas vezes, quando converso com uma pessoa dizendo-lhe que deve comer mais alimentos crus, eu ouço que são caros. Aí eu pergunto: você já ouviu falar de alimentação alternativa? Pois bem, sabemos que precisamos de comida para sobreviver e alimentar nosso corpo é uma experiência maravilhosa, cheia de descobertas e sabores, afinal, foi Deus quem criou o paladar. E usar hortaliças não tradicionais faz bem pra saúde, além de serem mais nutritivas por não serem cultivadas com substâncias que espantam as lagartas e os bichinhos.

As PANCs - Plantas alimentícias não convencionais são espécies que influenciam a culinária e a cultura local, por ser o seu uso tradicional, passada de geração a geração. Esse tipo de alimentação é barato. Por exemplo, os mineiros, nos pratos à base de frango caipira, costumam usar a ora-pro-nóbis. Os maranhenses, em seu famoso arroz de cuxá, colocam a vinagreira. No pão brote, os alagoanos. A araruta nos mingaus dos capixabas, e assim por diante. E você, já comeu cariru, taioba ou crem? Talvez você nunca nem ouviu sobre essas plantas. Pois é, são tantas plantas alimentícias que o Criador nos deixou.

Qual é o teste que você passou ou está passando? Na história de Jó, vimos que ele passou por uma grande provação, foi terrível. Ao lermos na Bíblia o livro de Jó, observamos que foi um teste em que a luta era no mundo espiritual. Jó nem sabia que estava sendo observado pelo inimigo de Jesus Cristo e sofreu muito por causa da inveja que acontecia no mundo espiritual. Na nossa história, também. Às vezes, as nossas provações são de caráter espiritual. Busquemos a fortaleza em Deus e sairemos vencedores. Não importa se a prova é terrena ou espiritual, o importante é buscarmos a vitória em Cristo Jesus. Efésios 4:11-13 — "Com o fim de preparar os santos para a obra do ministério, para que o corpo de Cristo seja edificado, até que todos alcancemos a unidade da fé e do conhecimento do Filho de Deus, e cheguemos à maturidade, atingindo a medida da plenitude de Cristo. Amém."

CAPÍTULO 10

PERMITA-SE!

Permita sempre lembrar que a qualidade de vida é um conjunto de fatores que, integrados, levam-te a uma maneira de viver e conviver valorizando o que você tem de mais precioso: sua própria vida!

Dedica-te naquilo que te traz satisfação, alegria, prazer e, consequentemente, tudo vai fluir. Sua pele e seus olhos brilharão. Pois a mente depende do corpo para formular os pensamentos e vice-versa. O corpo para ser saudável depende da mente, devido a que suas crenças exercem influências significativas sobre o metabolismo corporal, isto é, da ação do saber para o ato de fazer. Muitas pessoas não assumem a responsabilidade de seus atos. Quero explicar que o fato de não agir, de não puxar para si o ato do realizar, te faz fraco e inseguro. Na maioria das vezes, as pessoas vivem arrumando desculpas. Não arrume desculpa, porque pessoas seguras não possuem esse tipo de atitude. Se você observar que a sua mente e o teu coração estão te induzindo a buscar desculpas, por favor, mude! Quem arruma desculpas não arruma mais nada. Se queres prosperar, ser saudável, ser feliz... faça!

Observa a natureza, as árvores, por exemplo, nas camadas mais profundas ela abriga raízes vitais, traz do âmago a seiva para nutrir suas folhas, flores e frutos. Assim, devemos ser. Devemos retirar do mais profundo do nosso ser a força, a esperança, o vigor da vida. Pois é na profundeza de cada ser humano que o Espirito Santo de Deus criador habita.

Observo que grande parte dos seres humanos desenvolve a dificuldade de colocar em prática o que realmente vai levá-los a realizar seus sonhos. Tomados pela ansiedade, acabam ficando sem praticar hábitos saudáveis. Acabam ficando sem disposição para fazer uma comida nutricional e finda por comer algo industrializado, tipo fast-food. Ficam também sem ânimo para lazer e diversão. Deixo aqui neste livro o chamamento para desconstruirmos isso. Vamos construir uma vida extraordinária. Resgatar os sonhos engavetados, construindo uma rotina de alta performance. Como? Imitando quem já fez assim.

Precisa desenvolver o pensar. Não o pensar de um derrotado. Não o pensar de que é difícil. E sim o pensar de um vitorioso. Um pensar de que tudo posso, pois há em mim o DNA de um Criador. Quando a gente quer algo de verdade, quando a vontade ou a necessidade é maior que tudo, a gente vai lá e faz. Pois o fazer acontecer é uma arte que nem todos dominam, seja por não saber gerenciar bem o tempo, seja por se acomodar nas desculpas ou se cercar de pensamentos errados.

Desafios e problemas fazem parte do processo de crescimento de todo ser humano, no entanto, COMO você reage a eles é que te define. Toda pessoa tem que vencer o vilão do tempo, que é a zona de conforto. Para vencer, é preciso, em primeiro lugar, conscientizar-se de que você vai lutar contra décadas de um modelo antigo pré-estabelecido, contra apenas alguns dias de um novo modelo. Isso requer persistência constante, ou seja, todo o dia se forçar a fazer um pouco desse novo modelo que você quer implantar. Quem quer fazer sua vida realmente saudável, uma vida diferente, que realmente valha a pena, vai começar a fazer, porque vai estar sempre pensando que vai acontecer e vai fazer. Caso contrário, você vai achar uma excelente desculpa para deixar para depois, depois e depois. Mas saiba... Para a vida acontecer, é preciso agir, fazer diferente! Ter fé.

Se faltar coragem, se faltar fé... inspire-se na oração de Jabez (1 Crônicas 4:9-10). Ele nasceu, aparentemente, para ser derrotado. No tempo em que os nomes das crianças eram o símbolo do que se esperava delas, ele recebeu um nome inquietante: sua mãe o chamou Jabez, que significa dor. Foi gerado por um pai que jamais conheceu. A ausência do rosto do pai fixou os limites do que ele poderia se tornar. Porém, ele sabia que, apesar do nome que recebeu, Deus podia tornar tudo novo para ele e livrá-lo dos males e das dores e que sua prosperidade dependia da benção do Senhor. Creia, também, você. Ore ao bondoso Deus Criador. Jabez orou ao Deus Criador: ah, abençoa-me e aumenta as minhas terras. Que a tua mão esteja comigo, guardando-me de males e livrando-me de dores. E Deus atendeu ao pedido.

A força de uma prece do ser humano tem o poder de se autoconhecer, acalentar, apaziguar, encorajar, despertar a esperança e tornar a vida mais leve e o fardo do viver menos pesado. E lembra-te do versículo que diz: se te mostrares fraco no dia da angústia, é que a tua força é pequena (Provérbios 24:10). Portanto, como diz em Provérbios 10:22 — "A benção do Senhor é a base da verdadeira riqueza, pois não traz tristeza e preocupações." Pedi, pois Jesus prometeu "e dar-se-vos-á" (Mateus 7:7). Nada tendes, porque não pedis, disse Tiago em 4:2. Não importa quem você é, nem aquilo que seus pais decidiram que você fosse. O que importa é saber quem você quer ser, e pedir isso.

Quando foi a última vez em que você pediu a Deus para ficar livre do desânimo? Da tentação de comer e beber algo que destrói tua saúde? E lembre-se o conhecimento não é aquilo que você sabe, mas aquilo que você faz com aquilo que você sabe. Portanto, se você chegou até aqui, faça por você, coloque-o em prática e seja feliz. Que Deus também possa atender aos seus pedidos, a sua oração. Esse é o meu pedido a Deus por você, meu(minha) caro(a) leitor(a).

Amém.